AF279256

Marta Herrera de la Hoz

APULEYO EDICIONES   FOMENTO DE VALORES   CUENTOS ILUSTRADOS

¡Pepito es mío!

APULEYO EDICIONES   FOMENTO DE VALORES   CUENTOS ILUSTRADOS

Lorenzo tiene un peluche muy bonito. Se llama Pepito y es un conejito muy suave.

Lorenzo lo lleva a la escuela para enseñárselo a sus amigos. Su amiga Valeria se acerca a Lorenzo corriendo y ¡le quita a Pepito! Lorenzo se queda muy triste.

Por la tarde, en el parque, su amigo Hugo ha visto la pala amarilla de Lorenzo y ¡se la quita de la mano!

Lorenzo está muy triste, ¡él quiere su pala! Mamá le dice:

—Si quieres tu pala, podemos decirle a Hugo que te la devuelva, que ES TUYA.

Lorenzo entiende a mamá, pero no se atreve a decirlo. Mamá coge a Lorenzo de la mano, juntos le piden que

devuelva la pala y
Hugo se la devuelve.
¡BIEN!

Un rato más tarde, Hugo le quita un balón a Lorenzo, pero esta vez Lorenzo corre detrás de él y dice: "¡MÍO!".

Lorenzo está muy contento, ha conseguido que no le quiten su balón.

Al día siguiente vuelve con Pepito a la escuela. Esta vez es Gonzalo quien ve a Pepito y ¡se lo quita!

Lorenzo está triste, pero Irene, su profe, coge su mano y le dice:

—Vamos a pedirle a Gonzalo tu peluche.

Lorenzo tiene miedo, se acercan a Gonzalo

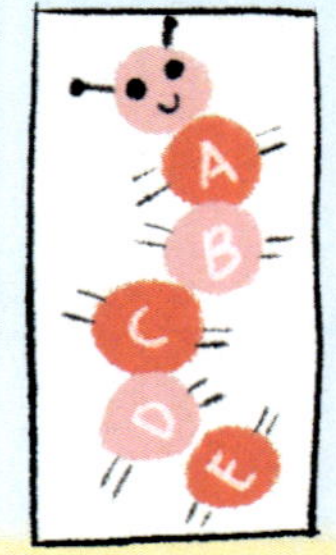

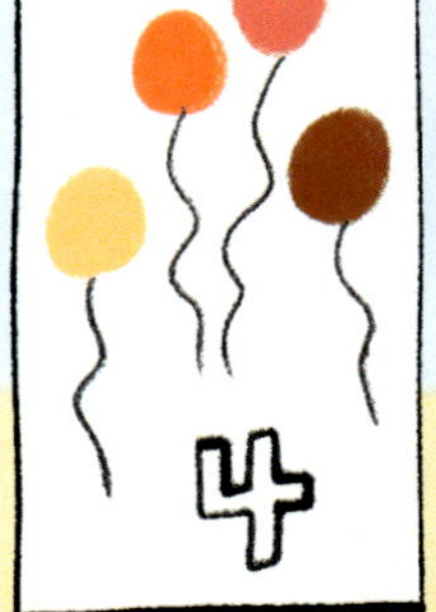

y dice muy bajito:
"Mío".

¡Pero Gonzalo no quiere devolvérselo!
Aunque Lorenzo tiene miedo, se acuerda de mamá y dice más fuerte: "¡PEPITO ES MÍO!".

ES MÍO

Como Gonzalo sigue sin soltar a Pepito, Irene lo coge y se lo da a Lorenzo. Irene le pregunta si quiere compartirlo, pero Lorenzo dice muy fuerte: "¡NO!".

Irene les cuenta que si no quiere compartir, no pasa nada,

que Gonzalo puede jugar con otra cosa.

Por la tarde, Lorenzo vuelve al parque y allí está Manuela, ¡su vecina! Está jugando con una pelota muy bonita, Lorenzo la quiere y se la quita. Manuela se queda muy triste.

La mamá de Lorenzo se acerca y le dice: "No puedes quitarle la pelota, tienes que preguntarle si quiere dejártela o compartirla".

Como Lorenzo tiene miedo, van juntos y Lorenzo dice: "¿JUGAR?". Manuela responde: "¡SÍ!". Lorenzo está muy contento.

Un poco más tarde, Lorenzo está con Pepito y como a Manuela le gustaría jugar con él, pregunta: "¿JUGAR?".
Lorenzo quiere mucho a Pepito, pero prefiere que Manuela juegue con él y se lo deja.

Por la noche, cuando Lorenzo se va a dormir, Pepito está esperándolo en la cama. Lorenzo se pone muy contento pensando en todo lo que han jugado sus amigos con Pepito... Pero, aun así, se le dibuja una sonrisa y piensa:

"¡PEPITO ES MÍO!".

Marta Herrera de la Hoz

APULEYO EDICIONES   FOMENTO DE VALORES   CUENTOS ILUSTRADOS

¡Pepito es mío!

APULEYO EDICIONES   FOMENTO DE VALORES   CUENTOS ILUSTRADOS